AF200652

Seoul

Reiseführer

*Der perfekte Reiseführer für einen unvergessli-
chen Aufenthalt in Seoul inkl. Insider-Tipps und
Tipps zum Geldsparen*

Katrin Bleeker

✈ INHALT

Das erwartet Sie in diesem Buch

Hallo, oder auch "annyeong", wie die Koreaner sagen. Ich grüße Sie, mein Name ist "..." und heute möchte ich Sie mit auf eine Reise nehmen. Und schon geht es los, unser Flugzeug hebt ab und wir landen viele Stunden später in Korea, auf dem Internationalen Flughafen Incheon. Jetzt fragen Sie sich bestimmt, was wir in Korea machen, oder? Nun, diese Frage werde ich Ihnen nur zu gerne beantworten. Ich möchte Ihnen zeigen, warum Korea das Land ist, welches ich immer wieder am liebsten besuche, und warum mir gerade Seoul so unglaublich ans Herz gewachsen ist.

Ich habe an alles gedacht, ob Sie dabei viel oder lieber wenig Geld ausgeben möchten, ich bin mir sicher, dass wir etwas Passendes für Sie finden werden. Sind Sie eher an den traditionellen oder den modernen Seiten von Seoul interessiert? Sie und ich werden ein für Sie passendes Hotel finden und dann legen wir los. Ein Einblick in die Koreanische Kultur oder vielleicht auch der Ausflug in die Vergangenheit der Stadt. Auch eine leckere Mahlzeit, um sich nach einem aufregenden Trip durch die Metropole zu stärken, ist wichtig.

Die Besichtigung von ein paar Sehenswürdigkeiten, vor denen man unbedingt mindestens einmal selbst gestanden oder welche Sie betreten haben sollten. Wer weiß? Vielleicht kann ich Sie ja auch für den koreanischen modernen Modestil begeistern oder Ihnen die Musikkultur des Landes ans Herz legen. Sie und ich werden die Seele von Seoul erkunden und am Ende werden Sie sich ganz sicher genauso in die Stadt und ihre Bewohner verlieben wie ich. Also legen wir los.

Ankunft in Korea

WIE KOMMEN SIE NACH SEOUL?

Nachdem Sie so lange im Flugzeug gesessen haben, ist die Reise noch nicht vorbei. Vom Internationalen Flughafen in Incheon haben Sie ein paar Möglichkeiten, nach Seoul zu gelangen.

Bevor wir uns ins Abenteuer stürzen, aber noch eine kleine Erklärung: in Korea bezahlt man mit "koreanischen Won", kurz KRW oder einfach Won. Der Wechselkurs liegt bei etwa 1.300 Won. Als Beispiel: 10 Euro sind aufgerundet ungefähr 13.400 Won.

Möglichkeit Nummer 1:

Wäre die Fahrt mit einem Taxi, mit dem Standard Model hat man einen stolzen Preis, welcher zwischen 65.000 und 90.000 Won schwankt. Die "Deluxe" Version bietet den Vorteil, das nachts keine weiteren Gebühren anfallen, Hier variiert es zwischen 95.000 bis 130.000 Won. Der Vorteil an dieser Verkehrsanbindung ist wohl das Sie genau an Ort und Stelle ankommen, ohne groß zu suchen. Jedoch sind die Kosten und Zeiten stark abhängig vom örtlichen Verkehr.

Möglichkeit Nummer 2:

Ist die Fahrt mit einem Flughafenbus, der ebenfalls in zwei Typen unterteilt ist. Die Luxus Versionen fahren, ohne viele Haltestellen anzufahren, nach Seoul, außerdem bestechen sie mit mehr Beinfreiheit und komfortablen Liegesesseln. Jedoch sollten Sie sich vorab informieren, ob Ihr Zielort näher liegt, wenn Sie in den günstigen Bus steigen. Ein netter Nebeneffekt an der Fahrt mit einem der Busse ist, dass diese zu verschiedenen Sehenswürdigkeiten fahren, die in der Innenstadt liegen. Leider sind die Preise hier sehr undurchsichtig und abhängig von Route und Fahrziel.

Möglichkeit Nummer 3:

Sie steigen einfach in den Zug. Mit dem Express Train fahren Sie während der Uhrzeiten 05:28 Uhr bis 22:48 Uhr. Von Terminal 1 dauert die Fahrt etwa 43 Minuten und während 05:20 Uhr bis 22:40 Uhr fahren Sie von Terminal 2 circa 51 Minuten. Der Express fährt ohne Zwischenstopp, direkt bis zum Bahnhof in Seoul durch. Als Erwachsener zahlen Sie 9.000 Won für ein Einzelfahrtticket, Kinder reisen für 7.000 Won. Erhältlich sind diese am Kundenservicecenter des jeweiligen Terminals.

Kleiner Tipp, mit bestimmten Flugtickets können Sie eine Ermäßigung bekommen, es lohnt sich also beim Buchen des Fluges, genauer zu lesen. Der All-Stop Train fährt von Terminal 2 ab, zwischen 05:15 Uhr und 23:50 fahren Sie ca. 52 Minuten von Terminal 2 für etwa die Hälfte des Preises, halten dafür allerdings auch an allen U-Bahn Haltestelle. Für All-Stop müssen Sie noch 500 Won Pfand zahlen, welche Sie aber am Rückgabe-Automaten an der Ankunftsstation wieder bekommen können. Als Tourist können Sie sich für diese Fahrt auch eine Prepaid Karte mit bis zu 20 Fahrten pro Tag kaufen. Der MPass ist gut brauchbar, wenn Sie beispielsweise mit einer anderen U-Bahn zu Ihrem Hotel fahren wollen, hierzu werde ich aber später nochmal mehr erzählen. Allgemein hat die Anreise mit der Bahn natürlich den Vorteil, dass Sie den Verkehr meiden. Ich persönlich nutze den Express Train, um direkt zum Bahnhof zu fahren und in meiner "zweiten Heimatstadt" anzukommen.

> Für welche Möglichkeit entscheiden Sie sich?

WELCHES HOTEL PASST ZU IHNEN?

Jetzt sitzen wir also im Zug, nun verzeihen Sie mir, falls Sie ein anderes Transportmittel wählen würden, aber ich erwähnte ja bereits, dass ich dieses bevorzuge. Es kommt natürlich drauf an, welches Hotel Ihnen zusagt. Deswegen werden wir uns nun mit ein paar Top Hotels befassen.

Die meisten Hotels in Seoul teilen einige Annehmlichkeiten, zunächst werde ich mal ein paar aufzählen. Eigentlich besitzt jedes Hotel W-Lan, eine Klimaanlage und, was ich persönlich sehr bevorzuge, es sind Nichtraucherhotels. Leider dürfen Sie keine Haustiere mitbringen, aber andererseits sollte man den lieben Tierchen solche Reisen gewöhnlich sowieso ersparen. Im Normalfall haben Sie ein Smart-TV, ein Telefon und ein anliegendes Badezimmer auf dem Zimmer. In Asiatischen Ländern ist es außerdem Standard, dass man im Bad ein eigenes Paar Hausschuhe hat. Sie sollten diese auch nur und "ausschließlich" im Badezimmer benutzen. Es geht hierbei um Hygiene und Höflichkeit gegenüber Ihrem Gastgeber Hotel. Ich gebe Ihnen jetzt ein paar Hotels an die Hand und auch einen finanziellen Überblick, wobei es natürlich möglich ist, dass Sie günstigere oder teurere Angebote finden könnten.

Ramada Seoul Sindorim

Wir beginnen mit dem "Ramada Seoul Sindorim". Dieses Hotel liegt in „624, Gyeongin-ro, Guro-gu, Guro-gu" und ist 600 Meter von den U-Bahnhof Stationen: „Sindorim" und „Guro" entfernt. Beide werden von Linie 1 angefahren. In diesem 4-Sterne-Hotel bekommen Sie zum Beispiel unter 60 Euro ein Zimmer mit Doppelbett.

Das Personal spricht die Landessprache und die Weltsprache Englisch. Zu den Standards dieses Zimmers, zusätzlich zu den oben erwähnten Annehmlichkeiten, gehören unter anderem ein Schreibtisch, ein Kühlschrank und ein Zimmersafe. Im Badezimmer finden Sie außerdem kostenlose Pflegeprodukte, einen Bademantel und einen Haartrockner, um ein paar weitere Annehmlichkeiten zu nennen.

Von Ihrem Fenster aus haben Sie einen schönen Ausblick auf die Stadt. Das Frühstück kostet 13 Euro pro Person und Nacht, geboten wird Ihnen eine Wahl aus: Brot, Pancakes, Gebäck, Cornflakes oder Müsli und auch warme beziehungsweise gekochte Speisen. Für Belag ist ebenfalls gesorgt. Außerdem gibt es Joghurt, Obst und Eier.

Zu Trinken werden Ihnen Kaffee, Tee oder heiße Schokolade serviert. Des Weiteren befinden sich ein Business- und Fitnesscenter innerhalb des Hotels, Diese sind bis 22 Uhr nach Belieben nutzbar. Nur 450 Meter entfernt von Ihrer Unterkunft finden Sie einen Supermarkt, den „Hyundai Department Store", das Einkaufszentrum „D-Cube City" liegt in 550 Metern Entfernung und das Einkaufszentrum „AK Shopping Plaza Guro" ist in 600 Metern Entfernung zu finden. In der Nähe befinden sich auch einige Sehenswürdigkeiten.

Das „Koreanische Nationalmuseum" ist nur neun Kilometer entfernt, die „Kathedrale Myeongdong" liegt in elf Kilometern Entfernung und auch den „Jongmyo Shrine" erreichen Sie in zwölf Kilometern Luftlinie. Sollten Sie ein Auto dabeihaben, können Sie kostenlos die Parkmöglichkeiten des Hotels nutzen.

Nine Tree Premier Hotel Insadong

Weiter geht es mit dem "Nine Tree Premier Hotel Insadong". Es liegt in „49, Insadong-gil, Jongno-gu, Jongno-Gu" und ist mit dem Flughafen-Shuttle bequem zu erreichen. Außerdem gibt es eine nahe gelegene U-Bahn-Station, einmal „Anguk", hier laufen Sie vier Minuten und „Jonggak" ist sechs Minuten Fußweg entfernt. Es ist ebenfalls ein 4-Sterne-Hotel und auch hier sind Sie mit unter 60 Euro dabei.

Das Personal spricht Englisch, Chinesisch, Japanisch und natürlich Koreanisch. Die Ausstattung des Zimmers unterscheidet sich nicht groß vom „Ramada Seoul Sindorim". Ein Frühstück kostet hier 15 Euro pro Person und Nacht. An Stelle von heißer Schokolade bekommen Sie hier Obstsaft serviert. Für ein Business und Fitnesscenter ist auch hier gesorgt. Dieses Hotel bietet Ihnen allerdings ein Restaurant vor Ort, das „Top Cloud o-five".

Dort können Sie sich zum Frühstück, Mittag oder Abendessen amerikanische Speisen am Buffet zusammenstellen. Diese können Sie in modernem Ambiente auch gerne im Freien genießen, da sich einige Sitzmöglichkeiten im Außenbereich dazu anbieten. Hier haben Sie außerdem eine nette Rooftop-Bar. Der „Jogyesa Temple" liegt direkt gegenüber und der „Namsan Mountain" ist nur 4,5 Kilometer entfernt. Wenn Sie Glück haben, können Sie eines von beiden von Ihrem Fenster aus sehen, wer weiß. Auch hier haben Sie einen Supermarkt in der Nähe, 400 Meter sind es bis zum „Hamoni Mart". Sollten Sie gerne Shoppen gehen, habe ich noch einen Leckerbissen für Sie, die Einkaufsstraße „Myeongdong" liegt ganz in der Nähe dieser Unterkunft.

Das „Koreanische Nationalmuseum" ist hier sogar nur sechs Kilometer entfernt, die „Kathedrale Myeongdong" 1,3 Kilometer und der „Jongmyo Shrine" 900 Meter. Außerdem ist der „Palast Gyeongbokgung" 800 Meter entfernt. Sollten Sie den „Han River" aus der Nähe sehen wollen, liegt dieser in acht Kilometern Entfernung.

Alles in allem hat man bei diesen zwei Hotels eher die Qual der Wahl, welche Vorzüge oder Annehmlichkeiten einem wichtiger sind und natürlich ist letztere zentral in der Stadt, aber doch Natur gebunden.

Novotel Ambassador Seoul Dongdaemun Hotels & Residences

Nun kommen wir zu meinem persönlichen Favoriten dem "Novotel Ambassador Seoul Dongdaemun Hotels & Residences", es befindet sich in „238 Euljiro Jung-Gu, Jung-gu". Sie laufen fünf Minuten von der U-

Bahn-Station „Dongdaemun Hystory & Culture Park" und sieben Minuten von „Euljiro 4-ga".

Es ist ein 5-Sterne-Hotel und ich bevorzuge das Studio mit Kingsize-Bett, welches etwa 110 Euro kostet. In diesem Fall nicht die günstigste Wahl für zwei Personen, aber, meiner Meinung nach, die Beste. Hier kommen folgende Vorzüge innerhalb des Zimmers hinzu, neben einer Sitzecke mit Esstisch, gibt es hier auch eine Küche mit Mikrowelle, Wasserkocher, Küchenutensilien und Spülbecken.

Außerdem haben Sie Zugriff auf eine Waschmaschine und einen Trockner. Also um es kurz zu fassen, mein Favorit ist "fast" schon eine kleine Wohnung. Es sind auch noch weitere Annehmlichkeiten vorhanden und die bereits in den anderen Hotels erwähnten sind auch dabei. Die Mitarbeiter sprechen mit Ihnen auch hier Englisch und Japanisch. Das Frühstück ist mit 28 Euro relativ kostspielig, aber Sie könnten ja auch außerhalb frühstücken gehen oder sich selbst etwas zubereiten. Mittag und Abendessen werden zu je 43 Euro und 62 Euro angeboten. Nun, wie gesagt, es gibt meiner Meinung nach auch noch genug andere Möglichkeiten, dazu aber später mehr. Auch hier sind ein Business und Fitnesscenter vorhanden, aber hier gibt es außerdem noch einen Pool auf dem Dach und ebenfalls einen Innenpool.

Von Mai bis September dürfen Sie auf dem Dach des Hotels Ihre Bahnen ziehen und falls Sie einfach ein wenig in der Sonne entspannen möchten, stehen einige Liegen bereit. Sie sollten allerdings schnell sein, die Plätze in der Sonne sind heiß begehrt.

Der Pool innerhalb des Hotels ist natürlich ganzjährig nutzbar. Wenn Sie ab und zu mal einen Cocktail schlürfen gehen, können Sie diesen zum Beispiel an der gemütlichen Poolbar zu sich nehmen. Nun aber genug von den Poolbereichen geschwärmt. 500 Meter entfernt von dieser Unterkunft gibt es einen „Emart 24" und, wie Sie sich vermutlich bei der Zahl schon dachten, hat dieses Geschäft rund um die Uhr für Sie geöffnet.

Hier gibt es eine vielfältige Auswahl an Lebensmitteln und einen Sitzbereich, in dem Sie Speisen und Getränke verzehren können. Für mich ist es außerdem ein Highlight das 400 Meter entfernt vom Hotel ein „Starbucks" ist, hier fasse ich mich eher kurz. Sollten Sie mit diesem Franchise noch nicht in Kontakt gekommen sein, erkläre ich es Ihnen kurz und knapp. Bei Starbucks kann man leckere Kaffees, Frappees und auch Gebäck verzehren. Nahe des Novotels gibt es auch noch ein Restaurant, das „CJ Food World", welches sich in der „CJ Complex Mall" befindet, kurz gesagt hier können Sie auch Shoppen gehen und sollten Sie vor haben, öfter vorbei zu kommen, kann man CJ Punkte sammeln. So können Sie eventuell sogar ein wenig Geld einsparen.

Jetzt noch zu den umliegenden Sehenswürdigkeiten: Sie erreichen das „Koreanische Nationalmuseum" in fünf Kilometern Luftlinie, der „Jongmyo Shrine" ist 1,3 Kilometer vom Hotel entfernt und die „Kathedrale Myeongdong" 1,6 Kilometer. Das „Lotte FitIn" Einkaufszentrum ist auch einen Besuch wert, hier können Sie shoppen gehen oder im Restaurant zum Festpreis eine Mahlzeit bekommen.

Vielleicht machen Sie auch wie ich einfach nur mal einen Schaufenster Bummel. Es ist nur 200 Meter vom Hotel entfernt. Der Markt „Dongdaemun" ist 450 Meter vom Hotel entfernt und ein kleiner Spaziergang über, beziehungsweise durch diesen lohnt sich meiner Meinung nach. Vielleicht finden Sie hier auch ein nettes Mitbringsel und können den Preis etwas runterhandeln, aber lassen Sie sich nicht über den Tisch ziehen. Übrigens bekommen Sie auch hier an den Essensständen ein paar Leckerrein.

K-POP Hotel Seoul Tower

Nun kommen wir zum letzten Exemplar, sollten Ihnen die bisher genannten Hotels zu teuer sein, habe ich jetzt noch das Hotel für den kleinen

Geldbeutel aufgelistet. Im "K-POP Hotel Seoul Tower", welches in „20, Toegye-ro 2-gil, Jung-gu, Jung-gu" liegt, bekommen Sie ein Zimmer für zwei Personen ab 25 Euro pro Nacht. Sie gelangen zum U-Bahnhof „Hoehyeon", der 250 Meter vom Hotel entfernt ist und von der Linie 4 angefahren wird. Oder aber Sie laufen vom „Hauptbahnhof Seoul" 650 Meter. Parken kostet hier einen Aufpreis, ein Frühstück wird hier auch nicht angeboten, aber Sie dürfen die Gemeinschaftsküche nutzen, um sich dort eine Mahlzeit zuzubereiten.

Ein Badezimmer welches mit, einer Toilette, Dusche und einem Haartrockner ausgestattet ist, ist vorhanden. Außerdem gehören hier ein Flachbild-TV, ein Kleiderschrank und auch ein Kühlschrank zur Standard Ausrüstung. Es gibt eine gemütliche Gemeinschaftslounge und eine Terrasse mit netter Aussicht zum Entspannen. Sie erreichen auch von hier einige Sehenswürdigkeiten. Zum „Koreanischen Nationalmuseum" sind es 3,7 Kilometer, der „Jongmyo Shrine" ist 2,5 Kilometer von der Unterkunft entfernt und die „Kathedrale Myeongdong" liegt in 1,1 Kilometern Entfernung. Zum „N Seoul Tower" sind es auch nur 1,6 Kilometer. Im „7Element" können Sie einkaufen gehen, der Supermarkt und ein „Starbucks" sind beide 300 Meter vom Hotel entfernt.

Konnte ich Ihnen eins der Hotels schmackhaft machen?

DIE ENTSTEHUNG UND GESCHICHTE VON SEOUL

So, nun liegen Sie hoffentlich in einem bequemen Bett? Dies ist schließlich der erste Abend in Seoul, in einem Hotel Ihrer Wahl. Was auch immer Sie heute nach der Ankunft unternommen haben.

Leihen Sie mir noch etwas länger Ihr Ohr?

Ich würde Ihnen nämlich gerne noch ein bisschen etwas über die Geschichte von Seoul erzählen. Fangen wir also beim Namen an: "Seoul". Ich persönlich finde ja, das klingt nach "Seele". Also nach dem englischen Wort "Soul". Leider ist die Bedeutung des Namens nicht ganz so spektakulär.

Es bedeutet "Hauptstadt". Na gut, als Hauptstadt und Ziel vieler Touristen weltweit ist Seoul ja quasi die Seele von Korea, finden Sie nicht auch? Der amtliche Name ist übrigens "Besondere Stadt Seoul", aber wussten Sie, das Seoul nicht immer Seoul hieß? Nun, als es noch die Hauptstadt von Baekje war, nannte man es "Hanseong", zu der Silla-Zeit hieß es "Hanyang", während der Goryeo-Zeit hatte es den Namen "Namgyeong", was so viel wie „südliche Hauptstad"t bedeutet. Von 1910 bis 1945 war der amtliche Name Seouls übrigens "Keijo", was Japanisch ist und Hauptstadt bedeutet. Ich gehe jetzt einfach mal davon aus, Sie kennen die Umstände nicht und erkläre das Ganze kurz. 1910 war Korea eine Provinz Japans, weswegen sehr viele Koreaner auch Japanisch sprechen können, weil das damals Pflicht war. Die Koreaner nannten ihre Stadt allerdings "Gyeongseong".

Nach der Herrschaft Japans über Korea, also nach dem Zweiten Weltkrieg, nannte man die Stadt nur noch "Seoul" und "Hanseong". Zum ersten Jahrestag des Endes der japanischen Herrschaft über Korea, dem 15. August 1946, wurde der Name offiziell zu "Seoul" geändert. Sie sehen also, "Seoul" war schon der Träger vier Namen, es gibt sogar einen bei dem noch nicht geklärt werden konnte, ob dieser mal vorhanden war. Archäologen fanden im Olympiapark Siedlungsreste, welche mit dem Namen "Wirye" in Verbindung gebracht werden.

Ungeklärt ist ebenso, ob es eine Befestigung, zu Koreanisch "Wiryeseong", bezeichnet hat. Zu guter Letzt noch die Aussprache, üblicherweise wird der Name "So ul" ausgesprochen, wo wir wieder bei dem englischen Wort für "Seele" wären.

Seoul ist in 25 Stadtbezirke unterteilt. Diese werde ich Ihnen allerdings nicht alle aufzählen, aber ich nenne gerne ein paar Beispiele. Da hätten wir einmal Guro-gu, Jongno-Gu und Jung-gu. Nun und wenn Sie aufgepasst haben im letzten Kapitel, dann wissen Sie: dort befinden sich einige Hotels, welche ich Ihnen vorgestellt hatte. Etwa 9,8 Millionen Menschen verteilen sich auf diese Bezirke und erfüllen die Stadt mit Leben. Zum Vergleich, in der Metropolregion "Sudogwon" Leben etwa 25,4 Millionen, was ein Drittel der Bevölkerung auf der gesamten koreanischen Halbinsel ausmacht. Somit ist die Seele von Sudogwon mit mehr als einem Drittel an Einwohnern unser Seoul. Nun wollen wir mal einen kleine Reise durch die Zeit machen. Wir reisen in die Zeit 4000 vor Christus, denn genau um diese Zeitspanne begannen Menschen, sich am Han-Fluss anzusiedeln und zwar genau dort, wo heute die beliebte Stadt Seoul liegt.

Jedoch gibt es erste historische Aufzeichnungen erst ab dem ersten Jahrhundert vor Christus. Ich persönlich muss sagen und ich hoffe, dass Sie mir da zustimmen werden, dass das ein beachtliches Alter ist.

Leider ist der zweite Weltkrieg nicht das Einzige, worunter Seoul in seinem Leben als Hauptstadt zu leiden hatte, während des Korea Krieges im Jahre 1950 musste die Stadt sogar zweimal zurückerobert werden. Traurigerweise werden die Ausmaße der

Zerstörung von Augenzeugen schlimmer eingestuft, als Berlin zu Zeiten des Zweiten Weltkrieges. Nach diesem tragischen und traurigem Ereignis wurde Seoul neu aufgebaut. Die Stadt wuchs sehr rasant zu ihrer alten Größe heran und die Einwohnerzahlen schossen wieder in die Höhe. Und auch die Modernisierungen begannen, zum Leidwesen vieler traditionellen Bauten, wurde Seoul neu geboren. Leider gibt es daher kaum noch Gebäude, die älter als Baujahr 1960 sind. Dennoch vereint Seoul heutzutage Neues mit Altem.

Sowohl die Bewohner als auch die Architektur der Stadt spiegeln den Zeitgeist wieder. Bis zum Jahr 1968 fuhr noch eine Straßenbahn, welche seit 1899 die Straßen vernetzt hatte. Erst 1974, also rund sechs Jahre später, wurde die erste U-Bahn Linie eröffnet. Diese hat ein Streckennetz, welches sich stetig erweitert und ist eines der größten U-bahn-Systeme Weltweit. Auch wirtschaftlich ist Korea mit Seoul sehr stark im Rennen, große Firmen wie Samsung und LG, diese sind beide große Elektronik Hersteller, und Hyundai, ein großer Automobilhersteller, haben hier ihre Hauptsitze eröffnet.

Außerdem haben die "Koreanische Welle", welche vor allem von K-Dramas, Koreanischen Drama Serien oder Filmen lebt, und K-Pop, was den

Koreanischen Musik Stil beziehungsweise die Pop-kultur bezeichnet, den Tourismus im 21. Jahrhundert um ein Vielfaches angekurbelt, mit 9,5 Millionen Touristen alleine im Jahr 2018 ist Seoul in den Top 10 der begehrtesten Reiseziele weltweit. Nun, ich gebe zu, die besagte "Koreanische Welle" hat auch mich in ihren Bann gezogen.

> Wie sieht es mit Ihnen aus?

TOP SEHENSWÜRDIGKEITEN VON SEOUL

> Haben Sie gut geschlafen?

NSeoul Tower

Nun, ich hoffe, Sie hatten schöne Träume, heute wollen wir mal einige Sehenswürdigkeiten besuchen. Wir beginnen mit dem „NSeoul Tower". Zunächst hier einmal ein paar Fakten:

Der für die Öffentlichkeit zugängliche Fernsehturm ist rund 236,7 Meter hoch und sein Bau begann im Dezember des Jahres 1969. Entworfen vom Architekten Jong Youl Chang wurde er am 30. Juli 1975 unter dem Namen Seoul Tower eingeweiht. Nach seinem Umbau, welcher 2005 stattfand, kam er zu dem Namen „NSeoul Tower". Ein kleiner Fun-Fact am Rande, die Koreaner nennen ihn auch "Namsan Tower", Grund hierfür ist seine Lage auf dem Berg „Namsan". Wo wir auch schon beim nächsten Thema wären, Sie habe hier die Möglichkeit, den Turm mithilfe einer Seilbahn zu erreichen, oder aber, wenn Sie gerne wandern, besteigen Sie einfach den Berg „Namsan" und es ist auch nur etwa ein Kilometer zu bewältigen, welcher von Treppen unterstützt wird.

Sollten Sie aber lieber bequem hochfahren wollen, kostet die Fahrt inklusive Eintritt etwa 11000 Won, außerdem kommen hier wieder diverse Shuttle-Busse ins Spiel, welche, wie bereits erwähnt, einige Sehenswürdigkeiten anfahren. Wofür Sie sich auch entscheiden, bringen Sie genug Zeit mit und haben Sie Verständnis dafür, warten zu müssen. Der Tower ist ein sehr beliebtes Ziel, dass sowohl von Touristen als auch von Einheimischen oft und viel besucht wird. Natürlich können Sie sich im Internet noch gewisse Kombi-Tickets buchen und oft sogar einfach mit einem Handy-Voucher das Ticket eintauschen.

Beispielsweise kommen Sie für ca. 70 Euro durch einen separaten Eingang und sparen sich die Wartezeit. Außerdem können Sie ein Mittag- oder Abendessen im Drehrestaurant dem "N Grill" verspeisen. Hierbei würde ich mich allerdings nochmal beim jeweiligen Ticket Anbieter informieren. Natürlich können Sie auch ohne Kombi-Ticket im Restaurant essen gehen, so wie ich es gemacht habe und ich sage Ihnen, die 360 Grad Aussicht sollte Ihnen eine Mahlzeit wert sein.

Das Lokal bietet Platz für 184 Gäste und unter uns gesagt, selbst die Aussicht auf den Toiletten lohnt sich. Im unteren Bereich erwarten Sie sogar noch einige Ausstellungen und ein Teddybär Museum, falls Sie daran Interesse haben sollten. Außerdem gibt es die ein oder andere Snackbar, in welcher Sie diverse Speisen angeboten bekommen. Das Highlight ist natürlich die obere Aussichtsplattform. Hier stehen Ihnen einige Teleskope zur Verfügung, mit denen Sie nach Herzenslust die Skyline und Landschaft von Seoul bestaunen können. Auch hier erwähne ich nochmal, dass es zu Wartezeiten kommen kann, aber die Aussicht bei Tag und auch am Abend lohnt sich allemal.

Der „NSeoul Tower" ist an allen Tagen von 10 Uhr morgens geöffnet und schließt um 23 Uhr seine Pforten. Samstags dürfen Sie eine weitere Stunde bleiben, da erst um 24 Uhr geschlossen wird. Das „NSeoul Tower Observatory" hat bis 22 Uhr geöffnet, letzter Einlass ist um 21:30 Uhr. Ich persönlich rate

Ihnen allerdings, dass Sie gegen Mittag oder Nachmittag hin gehen, um sowohl die Schönheit des Tages zu erleben als auch das Lichtspektakel der Nacht zu bestaunen. Möglicherweise sind Sie ja auch wie ich jemand, der gerne viele Fotos macht und wollen beides als Erinnerung in einem schönen Panoramabild ablichten.

Banpodaegyo Brücke

Als nächstes steuern wir die "Banpodaegyo Brücke" an, da ich persönlich eine Schwäche für fast alles habe, das mit Wasser zu tun hat, muss ich Ihnen diesen Ort empfehlen. Aber zunächst wieder ein paar Fakten: Die Brücke wurde 1982 fertiggestellt und ist die Verbindung der Bezirke „Seocho" und „Yongsan". Sie führt über den Han-Fluss und verläuft oberhalb der „Jamsu-Brücke".

Diese wird bei steigendem Wasser nämlich überflutet und dementsprechend gesperrt. Selbstverständlich sind dieses beeindruckende Bauwerk und der Han Fluss alleine schon einen Hingucker und das ein oder andere Foto wert, aber sie hat noch eine besondere Attraktion zu bieten. Der "Moonlight Rainbow Fountain", im Deutschen auch als „Regenbogenwasserspiel" zu bezeichnen, ist sowohl am Tag als auch bei Nacht ein faszinierendes Ereignis. Er ist stolze 1140 Meter lang und für sein wirken wurden beidseitig rund 38 Wasserpumpen und 380 Düsen angebracht. Bei diesem Spektakel wird das Wasser vom Fluss 20 Meter hochgepumpt und rieselt dann wieder hinab. Nachts oder auch wenn es dunkel wird, erzeugen rund 200 Lichter einen wunderschönen Regenbogen und das Wasser tanzt dabei für Sie zur Musik. Am Tag können Sie mehr als 100 verschiedene Figuren bestaunen, die im Wasser entstehen. Sie erreichen die Brücke mit der U-Bahn entweder von der Station „Eonju", hier sind es acht Minuten Fußweg oder vom „Express Bus Terminal" von dort laufen Sie zwölf Minuten und auch mit den Shuttle-Bussen gelangen Sie zur Brücke.

Nebenbei sei noch erwähnt, dass der nah liegende „Hangang-Park" über Picknickplätze verfügt und somit ein ideales Plätzchen für einen mitgebrachten Snack mit guter Aussicht ist. Hier noch ein Fun-Fact, im Dezember 2008 wurde das Brückenspiel als längstes der Welt ins Guinness Buch der Rekorde eingetragen.

Changdeokgung Palast

So nun wollen wir mal die Kultur ansteuern. Es gibt in Seoul fünf Paläste aus der Zeit der Joseon-Dynastie, nun möchte ich hier nicht alle aufführen, also nehmen wir den „Changdeokgung Palast". Beginnen wir mit Fakten: Sein Name bedeutet „Palast der glänzenden Tugend" und er wurde zwischen 1405 und 1412 von König Taejong errichtet. Da er östlich des Hauptpalastes „Gyeongbokgung", dem „Palast des glänzenden Glücks", errichtet wurde, gab man ihm außerdem den Namen „Dongwol", was „Ostpalast" bedeutet. Leider wurde er 1592 von kriegerischen Japanern in Brand gesetzt, konnte aber 19 Jahre später, vom zu dieser Zeit regierenden König, wiedererrichtet werden.

Im Jahr 1980 diente er dann als königliche Residenz und außerdem als Regierungssitz. König Sunjong, letzter seines Amtes, lebte seit 1907 in diesem Palast, 1910 trat er zurück und 1926 verstarb er. Bis 1989 lebten immer noch Mitglieder der königlichen Familie dort. Heute können Sie den Palast komplett besichtigen, Sie sollten sich allerdings online die Tour durch den Garten buchen, da dies leider nur online möglich ist. Es lohnt sich jedenfalls und ist recht preisgünstig zu haben. Alle fünf Paläste zu besuchen, kostet übrigens insgesamt 10000 Won. Hier empfiehlt es sich allerdings, vorab im Internet nach Angeboten und Führungszeiten zu schauen. Erreichen können Sie diesen Zeitzeugen mit der U-Bahn, von der Station „Anguk" laufen Sie neun Minuten und von der Station „Hyehwa" sind es zwölf Minuten. Hier noch ein paar Fun-Facts: Bis zum vorletzten König sollen im Palast ganze 13 Herrscher gelebt haben. Einige der Bäume sollen über 300 Jahre alt sein. Ich denke, wenn der Palast sprechen könnte, würde er uns wohl so einige spannende Geschichten erzählen.

> Kein Wunder, dass er 1997 ein Teil des „UNESCO-Welterbes" wurde, oder?

Koreanisches Nationalmuseum

Ich würde sagen, wir bleiben vorerst bei der Kultur und begeben uns zum „Koreanischem Nationalmuseum". Hier erstmal die Fakten: Es wurde im Jahr 1945 gegründet und repräsentiert die Geschichte und Kultur von Korea. Als das Land 1945 unabhängig wurde, bekam das „Museum des Generalgouvernement Chōsen", welches während der Japanischen Herrschaftszeit diesen Namen trug, den Namen "National-Museum". Rund 20000 Ausstellungsstücke dieser Sammlung an Geschichte mussten während des Koreakrieges nach Busan gebracht werden. Nach diesem Krieg wurden sie erstmal in den Palästen "Deoksugung" und "Gyeongbokgung" verteilt untergebracht. Im Jahre 1972 wurde die Ausstellung dann in einem Gebäude auf dem Grundstück des „Gyeongbokgung" Palastes ausgestellt und erhielt seinen bis heute gängigen Namen "Koreanisches Nationalmuseum".

Die Geschichtssammlung zog noch einige weitere Male um, bis sie schließlich im Jahre 2005 ein neues und endgültiges Zuhause im Yongsan-Familienpark fand. Das riesige 307.227 Quadratmeter große Gelände, wovon 45.438 Quadratmeter bebaut sind, hat Einiges zu bieten. Unter anderem gibt es hier Gärten mit einheimischen Pflanzen und Teichen, welche bestaunt werden dürfen. Das Museum hat eine besondere Symbolik, die linke Seite repräsentiert die Vergangenheit des Landes und die rechte dann natürlich die Zukunft.

Ich möchte hier auch nicht zu viel ins Detail gehen, denn es lohnt sich, einfach selbst einen Spaziergang durch die Kulturen Koreas zu machen. Hier möchte ich noch einmal hervorheben, dass dies eine Attraktion für den kleinen Geldbeutel ist, man kann hier zwar diverse Touren buchen, aber der Besuch beziehungsweise Eintritt in das Museum ist vollkommen kostenlos. Vermutlich auch ein Grund, warum man hier unter der Woche viele Schulklassen antreffen wird, welche ich persönlich aber nicht störend finde, sondern eher interessant. Die Beschreibungen sind für Touristen in Englisch verfasst und wer geduldig ist kann sich einen Guide aufs Handy runterladen, das habe ich persönlich beides nicht gemacht. Aber ich denke, es ist Geschmackssache. Auch hier kommen Sie bequem mit der U-Bahn hin.

Von „Inchon" laufen Sie neun Minuten zum Museum und von „Seobinggo" sind es elf Minuten. Zum Schluss noch ein Fun-Fact. Im Jahr 2006 hatte Nordkorea 90 Ausstellungsstücke aus dem "Pjöngjanger Historischen Museum", im "Koreanischen Nationalmuseum" präsentieren lassen. Dies war ein bedeutender großer kultureller Austausch.

Kathedrale Myeongdong

> Sind Sie eigentlich religiös oder interessieren Sie sich für Religion?

Selbst, wenn das nicht der Fall ist, sollten Sie die „Myeongdong Kathedrale" einmal besuchen. Falls Sie das Verlangen nach einer Pause vom turbulenten, schnellen und lebhaften Seoul haben, denn Sie finden hier einen Ort, um einen Moment Luft zu holen. Zu Beginn wieder ein paar Fakten. Der Bau dieses Katholischen Gebäudes begann im Jahre 1892 und endete 1898, was bedeutet, dass es rund sechs Jahre gedauert hat, diese rund 68 Meter hohe Kathedrale fertigzustellen. Sie wurde aus rotem Backstein gefertigt und zur heutigen Zeit werden dort noch immer Messen abgehalten.

Womit wir auch beim Thema wären, solch einer Messe beizuwohnen ist nämlich kostenlos. Sie können sogar jeden Sonntag an einer englischsprachigen teilnehmen, auch hier gibt es Informationstexte, welche sogar auf Englisch verfasst wurden. Außerdem können Sie im Außenbereich des Geländes auf bequemen Bänken zur Ruhe kommen und es gibt ebenfalls eine Innenbäckerei. Hier sollten Sie allerdings schnell sein, da die Backwaren sehr begehrt sind und relativ früh ausverkauft sind.

Nebenbei erwähnt gibt es hier auch noch einen Laden, in dem Sie vielleicht ein unverwechselbares Souvenir finden. Als Tipp empfehle ich Ihnen, wenn Sie Seoul im Winter besuchen, die Kathedrale im Dämmern oder wenn es dunkel ist zu besuchen. Denn dann wird Ihnen ein schönes Blumen-Licht-Spektakel geboten. Für mich ein absolutes Highlight. Wie bei den anderen Sehenswürdigkeiten erreichen

Sie die religiöse Stätte mit der U-Bahn. Von der gleichnamigen Station „Myeong-dong" laufen Sie vier Minuten und von der Station „Euljiro 1-ga" sind es sechs Minuten zu laufen. Zu guter Letzt wieder ein Fun-Fact. Das Gebäude wurde auf einem Hügel errichtet und war zu Zeiten seiner Erbauung von jedem Ort der Stadt zu sehen.

Trick Eye Museum

Weniger eine Sehenswürdigkeit, als ein interaktives Erlebnis, erwartet Sie in diesem speziellen Museum. Hier im „Trick Eye Museum" gibt es lebensgroße 3D-Bilder und die Hauptattraktion daran sind Sie selbst. Schnappen Sie sich Ihren Selfie Stick oder besser ein Stativ und setzten Sie sich in Szene. Oder aber Sie gehen wie ich nicht allein dorthin. Ich möchte hier auch nicht zu viel verraten, deswegen werde ich nicht allzu sehr ins Detail gehen.

Die 3D-Motive sind oft so ausgerichtet, dass Sie sich selbst an einer bestimmten Stelle platzieren, und dann Teil des Bildes werden. Ich rate Ihnen außerdem, sich unbedingt die kostenlose App runter zu laden. Dies können Sie gerne vor Ort machen, da das Museum kostenloses WLAN anbietet. Durch die App werden Ihre Bilder "lebendig"! Und so nehmen Sie eine einzigartige Erinnerung mit. Der Eintritt kostet 15000 Won und beinhaltet den Besuch im „Trick Eye" und im „Ice Museum". Für letzteres sollten Sie sich am besten warm anziehen. Sie bekommen zwar eine Art Schutzkleidung gegen die Kälte, aber ich empfehle zusätzlich warme Kleidung, da es sehr kalt in diesem Teil des Museums ist. Was natürlich, bei den ganzen Eisskulpturen, die Sie dort bestaunen dürfen, kein Wunder ist, da diese sonst schmelzen würden.

Es gibt auch noch einen dritten Teil, der nur etwas für Erwachsene ist, hier gibt es anzügliche Motive und es nennt sich „LOVE Museum". Für diesen Bereich zahlen Sie nochmal zusätzlich 8000 Won, falls es Sie interessiert, einen Blick in diesen zu werfen. auch zu diesem Museum gelangen Sie mit der U-Bahn, von der Station „Hongik University" läuft man sechs Minuten und von der Haltestelle „Sangsu" sind es neun Minuten zum Museum. Noch ein kleiner Fun-Fact: Die Ausstellung wechselt häufig ihre Motive. So kann man sich auch unter Umständen mit Figuren oder Bildern von „Koreanischen Idols" ablichten.

Koreanische Kriegsgedenkstätte

> Möchten Sie vielleicht einen Einblick in die Sicht der koreanischen Soldaten zu Kriegszeiten bekommen?

Dann sollten Sie der „Koreanischen Kriegsgedenkstätte", auch "War Memorial of Korea" genannt, einen Besuch abstatten. Hier erzählen rund 13000 Objekte die Geschichte der Kriege in Korea und die, in welche das Land verwickelt wurde. Eröffnet wurde es im Jahre 1994. Auf dem Vorplatz stehen einige Objekte zur Erinnerung an die Trennung Koreas und zum Gedenken der gefallenen Soldaten. Ich werde hier nur ein Beispiel nennen, um Ihnen nicht zu viel vorwegzunehmen. Es gibt einen Uhrenturm aus Bronze auf der zwei Uhrzeiten festgehalten wurden und eine davon ist "4 Uhr, am 25 Juni im Jahr 1950".

Falls Sie nicht wissen, um welches Datum es sich hierbei handelt, erläutere ich dies kurz. An diesem Tag begann der Krieg zwischen Süd- und Nordkorea. Das Museum ist in acht Bereiche unterteilt und man sollte schon ein bis zwei Stunden einplanen, wenn man alles sehen möchte. Das Essen im Restaurant würde ich Ihnen jedoch nicht empfehlen. Gehen Sie lieber wo anders essen oder bringen Sie sich etwas mit. Der Eintritt ist auch hier kostenlos und die

Öffnungszeiten sind von 09:30 bis 18:00 Uhr. Von der U-Bahn-Station „Samgakji" laufen Sie vier Minuten und von „Namyeong" sind es elf Minuten. Zu guter Letzt noch ein Fun-Fact: Die Gedenkstätte befindet sich im ehemaligen Hauptquartier der südkoreanischen Armee.

Demilitarisierte Zone

Diese Sehenswürdigkeit ist Möglicherweise nicht für jeden etwas. Die Grenze zwischen Süd und Nordkorea ist ein eher gewagtes Reiseziel. Trotzdem möchte ich es nicht auslassen. Kurz ein paar Fakten zu Beginn: Nach dem, von mir bereits mehrfach erwähntem Krieg, wurde im Jahr 1953 ein Vertrag für den Waffenstillstand unterzeichnet. Mit diesem Abkommen wurde auch die Erschaffung der, „DMZ", das ist die Abkürzung für die „Demilitarisierte Zone", besiegelt.

Mit 248 Kilometern Länge und etwa vier Kilometern in der Breite, verläuft diese Zone quer durch das Land. Sollten Sie vorhaben, diesen historisch schaurigen Ort zu besuchen, empfehle ich Ihnen eine Tour für etwa 40 Euro zu buchen. Etwas abschreckend könnte es vielleicht sein, eine Erklärung zu unterschreiben, dass niemand dafür haftet, wenn an der Grenze etwas passieren sollte. Außerdem sollten

Sie unbedingt Ihren Reisepass bei sich führen. Zu sehen gibt es hier diverse Baracken, in denen Verhandlungen geführt wurden, bestimmte geheime Tunnel, die zu verschiedenen Zwecken, von Nordkorea ausgegraben wurden. Ein verlassener Bahnhof, der dadurch recht geisterhaft erscheint und noch weitere geschichtliche Einblicke.

Jedoch kann dies von Tour zu Tour unterschiedlich angesetzt werden. Hier kommt noch ein Fun-Fact: Die südkoreanische Regierung ließ Lautsprecher aufstellen, um die andere Seite mit einheimischer Pop-Musik zu beschallen. Von der Gegenseite schallt allerdings auch Musik herüber, irgendwie wirkt es so, als ginge hier der Krieg weiter. Aber solange er nur mit Musik geführt wird und keiner zu Schaden kommt, sollte es in Ordnung sein.

MPass und Discover Seoul Pass
Nun hoffe ich, dass Sie genug Inspiration gefunden haben, aber ich habe noch ein paar Tipps für Sie.

Zunächst einmal komme ich nochmal auf den MPass zurück, zur Erinnerung: Sie haben mit diesem Ticket bis zu 20 Fahrten pro Tag zur Verfügung. Es gibt das Format ab einem Tag für 15000 Won oder 12000 Won, sollten Sie Ihren MPass nach 17 Uhr kaufen. Und maximal sieben Tage zu je 64000 Won oder 61500 Won. Dazwischen gibt es noch die Möglichkeiten, zwei Tage, drei Tage oder fünf Tage zu kaufen. Der Pass ist gültig ab Erstnutzung, also der ersten Fahrt, bis zum letzten Tag 24 Uhr. Bedenken Sie bitte, dass Sie diesen Pass nur mit der koreanischen Währung bezahlen können. Dafür können Sie die Karte beliebig oft mit Bargeld aufladen und an vielen Orten als Zahlungsmittel nutzen. Da es nicht überall gewährleistet ist, sollten Sie aber dennoch immer etwas Bargeld bei sich führen.

Der Discover Seoul Pass ist quasi die Upgrade Version für diverse Sehenswürdigkeiten, allerdings gibt es hier in Preis und Leistung einige Unterschiede. Es gibt den Pass im 24 Stunden, 48 Stunden und 72 Stunden Format, zu je 39.000 Won, 55.000 Won und 70.000 Won. Inbegriffen sind eine Einzelfahrt mit der AREX Flughafenbahn vom Flughafen Incheon zum Bahnhof Seoul und die Nutzung des Busses, der in der Innenstadt verkehrt. Ich würde daher empfehlen, beide Pässe in Kombi zu nutzen. Oder aber vorab zu überprüfen, ob die Attraktionsziele, welche Sie ansteuern wollen in dem Pass inbegriffen sind. Praktisch hierzu ist die App, welche Sie sich separat dazu runterladen können. Mit dieser haben Sie Zugriff auf Gültigkeit und Attraktionen.

Alternativ zu diesen Pässen können Sie auch diverse Hop-On Bustouren und Shuttle-Bus Touren bei den jeweiligen Veranstaltern Buchen. Meiner Meinung nach sind Sie mit den Pässen sehr flexibel unterwegs. Aber auch hier ist das Ganze wieder eine Geschmackssache.

Aufenthalt in Seoul

WO KÖNNEN SIE GUT ESSEN ODER ETWAS ERLEBEN?

Wenn der Hunger einen packt, sollte man schnell und ohne Umschweife wissen, wo man was bekommt. Deswegen werde ich Ihnen ein paar Restaurants und Essensmöglichkeiten, mit denen ich oder Bekannte von mir gute Erfahrungen gemacht haben, empfehlen. Da Geschmäcker sehr verschieden sein können, versuche ich, Ihnen eine Auswahl zwischen einheimischen und kulinarischen Angeboten zu bieten.

Mugyodong Bugeokujib

Eine der simpelsten Anlaufstelle ist das „Mugyodong Bugeokujib". Zu finden in „38, Eulji-ro 1-gil, Jung-gu". Hier läuft es sehr unkompliziert und ohne Auswahl. Da dort nur Koreanisch gesprochen wird, sollte das aber nicht weiter schlimm sein. Das Tagesgericht gibt es für 7500 Won, es besteht aus einer Suppe und Beilagen. Auch wenn Sie noch nie mit asiatischen Essensweisen in Berührung gekommen sind, werden Sie hier nicht im Stich gelassen. Das Personal wird Ihnen helfend zur Seite stehen und Ihnen zeigen, wie Sie welches „Werkzeug" wofür benutzen können. Gelegentlich kann es vorkommen, dass Sie warten müssen und eventuell kommt es zur Bildung einer Warteschlange. Diese baut sich aber dank der sofortigen Bedienung relativ schnell wieder ab. Unter Umständen bekommen Sie auch Kimchi, das ist koreanischer eingelegter Kohl, der übrigens sehr beliebt in Korea ist, so beliebt, dass er zum Welterbe ernannt wurde. Sie könnten auch ein Spiegelei dazu bekommen, vielleicht auch beides.

Das Ganze ist abhängig vom Tagesgericht. Es gibt ein Gericht mit Beilagen für einen Festpreis. Wenn Sie gerne Suppe essen, können Sie hier an verschiedenen Tagen, unterschiedliche Tagesangebote zum Festpreis bekommen. Einkehren können Sie hier zum Frühstück, Mittag- und Abendessen. Aber ich persönlich bin kein Fan von Suppe zum Frühstück, das Ganze ist natürlich Geschmackssache. Die Einheimischen gehen hier auch „morgens" mal eine spezielle Fischsuppe essen, um einen Kater loszuwerden. Preislich ist es natürlich sehr günstig und somit eine Empfehlung für den kleinen Geldbeutel. Sie laufen etwa zehn Minuten von der U-Bahn-Station „Euljiro".

Brooklyn The Burger Joint

Falls Ihnen der Sinn eher nach amerikanischem Essen steht, kann ich das „Brooklyn The Burger Joint" empfehlen. Es liegt in „Donggwan-ro, 43-gil, Seocho-gu 1f". Wie der Name schon sagt, gibt es hier Burger Menüs, zum Beispiel bekommen Sie hier ein Getränk, Pommes und einen großen Burger für 20.000 Won. Aufgepasst, achten Sie darauf, welche Pommes Sie bestellen, hier gibt es nicht nur die klassischen amerikanischen Fritten.

Sondern auch Süßkartoffel-Pommes, welche ich persönlich häufiger den klassischen vorziehe. Sie sind fluffiger und natürlich süßlich, von daher nicht für jedermann etwas. Ich empfehle trotzdem, Sie zumindest mal zu probieren. Und wenn Sie auf süße Sachen stehen, gibt es auch leckere Milchshakes.

Hier können Sie zum Mittag- oder Abendessen vorbei schneien. Auch hier ist es meiner Meinung nach relativ günstig. Zusätzlich ist der Flair von Brooklyn im 80ten Jahrhundert auch nicht zu verachten. Hier laufen Sie 15 Minuten von der U-Bahn-Station „Express Bus Terminal".

Tous Les Jours

Kommen wir doch noch mal auf das Thema „Frühstück" zurück. Sicher, Sie könnten eine Suppe essen gehen, aber seien wir mal ehrlich: Gebäck und Brot zum Frühstück ist die bessere Wahl. Hier kommt mein Favorit, dass „Tous Les Jours". Sie finden es unter der Adresse „129, Toegye-Ro", ganz in der Nähe der U-Bahnstation „Myeongdong".

Es ist ein wirklich niedliches Café, in welchem Sie eine große Auswahl an Gebäck, Kaffee und Kuchen geboten bekommen. Hier gibt es nicht nur einheimische Leckereien, auch französisches Gebäck wird hier angeboten. Preislich finde ich kommen Sie hier gut weg. Das meiste kostet im Einzelpreis etwa 6.000 Won. Für ein „Teilchen" und einen schönen Kaffee zahlt man also in etwa 12.000 Won. Die Auslagen sind übrigens in Englisch beschriftet. Hier gibt es einige Sitzgelegenheiten, sodass Sie sich gemütlich an einen der Tische setzen können und Ihr

Frühstück genießen können. Aber auch ein Stück Kuchen können Sie hier gemütlich zu einer anderen Uhrzeit verzehren. Ich persönlich gehe hier wohl am häufigsten frühstücken. Sowohl geschmacklich als auch preislich bin ich immer sehr zufrieden gewesen. Wenn Sie ein günstiges und leckeres Frühstückscafé suchen, werden Sie hier fündig.

The Original Pancake House
Und hier kommt sozusagen die amerikanische Alternative, das „The Original Pancake House", zu finden in „153, Itaewon-ro, Yongsan-gu". Einfach mit der U-Bahn zur Station „Itaewon" fahren, den mit 1 ausgeschilderten Ausgang nehmen, dann laufen Sie 200 Meter und sehen das Restaurant schon. Hier gibt es nicht nur Pfannkuchen. Sie bekommen eine nette Auswahl an amerikanischen Gerichten geboten.

Zum Beispiel das klassische Frühstück „Eier mit Speck" oder auch French Toast, was ich persönlich bevorzuge. Allein wegen diesem Gericht würde ich wieder herkommen. Auch Omeletts, Waffeln und Sandwiches stehen hier unter anderem zur Wahl. An Getränken wird ebenso ein breites Spektrum geboten. Limonade, Tee, Kaffee und heiße Schokolade stehen zum Beispiel zur Wahl. Aber um auf die Pfannkuchen zurück zu kommen: hier gibt es auch

sehr außergewöhnliche Kombinationen. Kartoffel-
pfannkuchen oder Kürbispfannkuchen haben Sie
vermutlich noch nicht probiert, oder? Nun, hier hätten Sie die Gelegenheit, die Preise sind alle unter
20.000 Won. Jedoch zahlen Sie hier Einzelpreise. Somit ist das eher die preislich mittlere Schiene. Man
muss es ja auch nicht jeden Tag essen, aber auspro-
bieren sollten Sie das Restaurant auf jeden Fall mal.

Food Markets/Street Food
Bei einem Trip nach Seoul darf es natürlich nicht fehlen, die berühmten Märkte zu besuchen. Ich erwähnte sie bereits kurz, als ich über die Hotels
sprach. Jetzt komme ich nochmal drauf zurück, hier
gibt es auch mehr als nur einen, sollten Sie genug
Zeit mitbringen und Interesse an solchen kulinarischen Experimenten haben, empfehle ich Ihnen, sie
alle mindestens einmal zu besuchen.

Ich werde hier alle aufzählen, die ich kenne, aber
ins Detail gehe ich nur bei einem - dem „Myeongdong
Night Market". Hier gibt es natürlich nicht nur nachts
etwas zu Essen, aber die ersten Essensstände öffnen
erst gegen 16 Uhr, am Wochenende öffnen sie sogar
schon um 14 Uhr. Geschlossen werden sie gegen 23
Uhr und daher sind die Stände eine gute Anlaufstelle,
um abends noch einen Happen zu essen. Es gibt hier

so viele Leckereien, dass ich gar nicht weiß, was ich Ihnen besonders empfehlen kann. Ich werde versuchen, eine Top 3 für Sie zu finden, aber es ist nur mein persönlicher Geschmack. Beginnen wir mit einem Snack, der mich schon oft vollkommen gesättigt hat und etwas Besonderes ist. „Hweori Gamja" oder auch „Tornado Potatos", sind Kartoffeln, die um einen Spieß gewickelt verkauft werden.

Sie bekommen sie in verschiedenen Geschmackssorten, zum Beispiel Käse, Paprika oder auch Zucker. Ob Sie es glauben oder nicht, noch nie hat eine einzige Kartoffel mich so satt gemacht. Da dies eher ein warmer Snack ist, empfiehlt er sich zu kälteren Jahreszeiten. Für den Sommer empfehle ich Ihnen ein süßes „Mochi", dessen Herkunft japanisch ist. Diese sind gefüllt mit Rote-Bohnen-Paste oder Erdbeeren.

Am besten schmecken Sie im Frühling, weil die Erdbeeren dann besonders lecker sind. Zum Schluss empfehle ich noch „Grilled Cheese", ja richtig. Gegrillten Käse, nun, dazu sollte gesagt sein, dass es nicht einfach nur ein Stück Käse ist. Hier bekommt man einen Reiskuchen Spieß, Reiskuchen ist aber nicht der typische Reis, den wir hierzulande kennen, es ist Klebereis und wird auch für die Herstellung von „Mochis", auch „Reiskuchen" genannt, verwendet. Ich persönlich esse fast alles, was damit gefüllt wird. Zurück zum „Grilled Cheese", hierbei gibt es eine Vielzahl an Kombinationen. Sie können zum Beispiel ein Würstchen oder Fisch im Reiskuchen, ummantelt mit leckerem Mozzarella bekommen. Ich kann es nur empfehlen. Neben vielen weiteren sättigenden Snacks, gibt es außerdem noch koreanisches Softeis, welches sehr beliebt ist und in verschiedenen Geschmacksrichtungen wie grüner Tee, Schokolade, Vanille und Erdbeere erhältlich ist.

Auch frisch gepresste Säfte gibt es hier, um sich zu erfrischen. Die Preise schwanken hierbei zwischen 2.000 und 5.000 Won, aber es gibt auch noch etwas teurere Snacks, wie die „Grilled Cheese Lobster". Hier gibt es gegrillte Hummer überbacken mit geschmolzenem Käse. Das ganze kostet dann etwa 15.000 Won und ist für ein Gericht mit Hummer jedoch meiner Meinung nach wieder günstig. Alles in allem kann man hier gut schlemmen und auch einem Einkaufsbummel steht hier nichts im Weg, da Myeongdong außerdem eine Einkaufsstraße mit vielen Geschäften und Cafés ist.

Zu erreichen ist der Ort mit Bus und Bahn. Einfach die Haltestelle „Myeongdong" ansteuern und dann ist alles ausgeschildert. Weitere erwähnenswerte Märkte sind der Namdaemun Market, der Gwangjang Market und der Dongdaemun Market.

> Meinen Favoriten kennen Sie nun und welcher ist Ihrer?

Themencafés

In ganz Korea wird viel Kaffee getrunken, hierzu aber später nochmal mehr. Deswegen dürfen in dieser Liste die „Themencafés" nicht fehlen. Auch hier gibt es zu viele, um sie alle aufzuzählen und ich gebe Ihnen deswegen drei an die Hand, welche ich bevorzugt besuche. Beginnen wir mit dem „Banana Tree".

Sie finden es in „Sinsa-Dong". Neben der bananeninspirierten Dekoration, was auf den außergewöhnlichen Namen schließen lässt, ist hier auch ansonsten nichts „gewöhnlich". Sie bekommen hier unter anderem ein Dessert, nämlich leckeren Pudding in einem Blumentopf serviert, dazu gibt es als passendes Besteck einen kleinen Löffel in Form einer Schaufel. Ein absoluter Hingucker, wenn Sie zu den Leuten gehören, die gerne auch mal ihr Essen fotografieren. Abrunden lässt sich dieser optische Look noch mit einem Kaffee Latte, mit Gewitterwolke als Topping. Allein für die Optik sollten Sie hier mal einen Abstecher hin machen. Preislich zahlen Sie hier circa 5.000 bis 8.000 Won. Die Blumentöpfe und Kaffees können Sie auch „to-go" mitnehmen. Die Desserts werden Ihnen auch hübsch eingepackt. Sie können mit der U-Bahn Linie 3 bis zur Station „Sinsa" fahren. Dort nehmen Sie den Ausgang 7, um schnell zum „Banana Tree" zu kommen.

> Sind Sie schon mal mit einem Tier ins Café gegangen?

Spontan würde ich diese Frage eher mit nein beantworten, es kommt selten vor, dass der Hund irgendwo mit reindarf. Was würden Sie also dazu sagen, dass Sie ein Café besuchen können, in dem die Tiere frei rumlaufen? Das sind so genannte „Pet-Cafés". Hier schlägt das Herz von Tierbesitzern und Tier-Fans vermutlich höher. Das „Bau House", Sie finden es in „64, Yanghwa-ro, Mapo-gu", ist so ein Ort. Hier gibt es Hunde zum Anfassen. Sie bezahlen ein Getränk als Eintritt und schon geht es los. Die Hunde dürfen gestreichelt werden, auch auf den Arm genommen werden und sollte einer der Welpen mal irgendwo hin machen, kommt sofort das Personal und reinigt den Ort.

Es gibt aber nicht nur Welpen, auch ältere Hunde dürfen hier liebgehabt werden. Wenn Sie möchten, können Sie sich auch ein paar Leckerlies für die Hunde kaufen. Zu erreichen ist es auch sehr einfach, direkt hinter der Station „Hajeong" befindet sich das Café. Das Bau House ist nur eines von vielen und da am häufigsten von „Cat", also Katzen-Cafés berichtet wird, habe ich Ihnen bewusst dieses empfohlen.

Eine ganz andere Art von Kaffee wird Ihnen im „CaFace", zu finden in „36-10, Wausan-ro 21-gil, Mapo-gu", geboten. Das Wort „Face" ist Englisch und bedeutet Gesicht, nun es ist kaum zu glauben, aber hier wird Ihr Gesicht auf den Kaffee „gedruckt" und das in Farbe. Sie zahlen Ihr Getränk und einen Aufpreis von ca. 3.000 Won. Dann schicken Sie ein Foto per Bluetooth und bekommen prompt Ihr persönliches Foto Souvenir, nur, dass Sie es dann trinken werden. Aber man kann ja ein Foto machen, zusammen mit dem Kaffee und hat so eine Erinnerung an dieses einzigartige Erlebnis. Zugegeben, ich würde hier nicht jeden Tag einen Kaffee trinken gehen, aber einmal pro Besuch in Seoul gönne ich mir diesen speziellen Kaffee.

Vergnügen und Spaß haben in Seoul

Selbstverständlich macht es Spaß, Sehenswürdig-keiten zu besuchen und zu erkunden. Auch verschiedene kulinarische Köstlichkeiten zu probieren, bereitet Vergnügen. Aber es gibt auch noch andere Möglichkeiten in Seoul.

Lotte World Adventure Park

Das Lotte Franchise ist eine Kette, über die Sie an verschiedenen Orten stolpern könnten. Zum einen ist da das riesige Einkaufszentrum, welches ich bereits zu Beginn unserer Reise erwähnte das „Lotte FitIn", zur Erinnerung. Zu dieser Kette gehören auch der „Lotte Tower", welcher ähnlich dem „NSeoul Tower" ist und ein Vergnügungspark mit dem Namen „Lotte World Adventure".

Das Besondere an diesem Park ist, dass er innen ist, so können Sie hier, auch an regnerischen Tagen, ein bisschen Spaß haben. Es gibt allerdings auch einen äußeren Bereich Namens „Magic Island". Er erinnert mit seinem Schlossähnlichem Gebäude im Inneren des Parks ein wenig an Disneyland oder an Phantasialand. Hier gibt es zum Beispiel einen Free-fall Tower, genannt „Gyro Drop". Sie können sich hier entweder im VR-Modus, was ein ganz neues Erlebnis bietet, oder ganz normal ohne VR-Brille vom

Himmel fallen lassen. Gemütlich drehend rauf in 70 Metern Höhe und dann mit 100 Stunden Kilometern Richtung Erde.

Eine halb so große 38 Meter hohe, „kinderfreundlichere" Variante steht mit dem „Bungee" zur Verfügung. Der Fall ist allerdings fast genauso schnell mit 90 Stunden Kilometern. Für Unterhaltung und Spaß ist hier also für Groß und Klein gesorgt. Auch Erwachsene auf der Suche nach einem Adrenalinschub kommen hier nicht zu kurz neben dem Gyro Drop, gibt es auch noch die Gyro Swing, eine runde Pendel-Platte, die sich dreht und dabei hin und her schwingt.

Es erreicht schwindelerregende Höhen. Das Gyro Spin ist eine kreisförmige Plattform auf der Sie sitzend mit maximal 40 anderen Menschen im Kreis gedreht werden und auf einer Bahnschiene hin und her gefahren werden. Einmal den Schleudergang bitte. Ich persönlich bin immer auf der Jagd nach dem nächsten Adrenalinschub in solchen Parks und gehe nur um runter zu kommen in ruhigere Attraktionen. Aber auch für die Menschen, welche nicht durch die Luft gewirbelt werden wollen, bietet der Park eine Menge Spaß und Unterhaltung.

Neben Wasserbahnen, 4D Attraktionen, einer Game Arcade, einem Geisterhaus und Vielem mehr, gibt es außerdem auch Themen orientierte Auftritte, Bühnenshows und Maskottchen, mit denen Sie oder Ihre Kinder ein Foto machen können. Die Preise für den Eintritt betragen 56.000 Won für ein normales „Park Ticket" und 59.000 Won für den „Universal Pass", dieser beinhaltet zusätzlich den Eintritt ins „Folk Museum".

Wer nicht gerne lange wartet, kann außerdem den „Magic Pass Premium" für entweder 47.000 Won erwerben, er beinhaltet die Fahrt mit 5 Attraktionen oder für 85.000 Won, mit dieser Version dürfen Sie pro Person zehnmal, ohne langes Warten, fahren. Angeboten wird übrigens auch eine App, mit dieser haben Sie einen Überblick über die Wartezeiten der Attraktionen, können sehen, wann die nächste Show anfängt und natürlich auch wo. Die Suche nach einem Restaurant oder einem Souvenir-Shop erleichtert die Anwendung ebenfalls. Aber auch bevor Sie den Park besuchen, ist die App nützlich, Sie können einfach das Ticket vorbestellen und auch den „Magic Pass Premium".

Hier muss also mit der App weder für die Eintrittskarte noch für den Extra Pass angestanden werden. Sie können einfach das Handy nutzen. Wenn Sie die Anwendung länger nutzen, haben Sie vielleicht auch das Glück, einen Rabatt zu bekommen. Sie finden den Park in „240 Olympic-ro Songpa-Gu" und erreichen ihn nach vier Minuten Fußweg von der Station „Jamsil" oder von „Seokchon" nach 13 Minuten. Geöffnet hat der Freizeitpark von 10-21 Uhr.

In Seoul läuft das Leben schnell und laut, das gilt auch für das Nachtleben. Es gibt so auch die Möglichkeit, dem Kino auch nachts einen Besuch abzustatten, hier sei erwähnt, dass die meisten Filme auf Koreanisch gezeigt werden. Sie sollten also drauf achten, in eine Vorstellung zu gehen, welche über englische Untertitel verfügt. Weiterhin gibt es auch sogenannte „Underground Clubs".

Octagon und Soap Club

Einer dieser Clubs ist das „Octagon", hier können Sie bis 6 Uhr morgens mit vielen anderen Menschen die Nacht zum Tag machen und zu diversen Beats tanzen. Er ist außerdem als einer der besten Nachtclubs der Welt ausgezeichnet worden. Besonders günstig ist der Spaß allerdings nicht, hier zahlt man allein für den Eintritt 30.000 Won und ein Getränk kostet mindestens 10.000 Won. Wenn Sie aber zu den Menschen gehören, die gerne Party machen, sollten Sie hier auf Ihre Kosten kommen.

Zuggegeben, ein Besuch im Nachtclub ist an sich nicht günstig, aber im Club „Soap" zahlen Sie 20.000

Won und bekommen das erste Getränk gratis. Hier kosten die günstigsten Drinks 7.000 Won. Der Klub öffnet von Donnerstag bis Samstag um 22:00 Uhr die Türen und schließt sie wieder um 05:00 Uhr in der Früh. Der Preis für den Eintritt könnte sich allerdings ändern, je nachdem ob ein berühmter Künstler dabei ist oder nicht. Außerdem gibt es besondere Donnerstage, an denen Sie nur einen Drink bezahlen und kostenlos ins „Soap" reinkommen.

Die Veranstalter halten ihre Besucher auf Facebook über Events, Artisten und Themen auf dem Laufenden. Ich empfehle Ihnen also, einen Blick rein zu werfen, bevor Sie den Club ansteuern. Vielleicht haben Sie ja genauso viel Glück wie ich und erwischen einen Donnerstag, an dem Sie „gratis" in den Club kommen. Sie finden ihn in „14-9, Bogwang-ro 60-gil, Yongsan-gu, B1" nur zwei Minuten entfernt von den U-Bahn-Stationen „Itaewon" und zehn Minuten von „Nosksapyeong".

WISSENSWERTES ÜBER SEOUL UND SEINE EINWOHNER

Zu guter Letzt möchte ich Ihnen noch etwas über Seoul und die Menschen, die dort leben, erzählen. Welche Does and Dont's es gibt. Does and Dont's heißt, ich versuche Ihnen zu helfen, die Fettnäpfchen in Korea zu vermeiden. Und Sie können mir glauben, in Asien gibt es sehr viele davon. Gut, wir beschränken uns zwar auf Seoul, aber dafür gelten die gleichen ungeschriebenen Gesetze. Fangen wir locker an. Ich habe Ihnen bereits etwas aus der Vergangenheit Seouls erzählt, jetzt wollen wir mal auf die Gegenwart eingehen.

Zunächst ist es wichtig zu wissen, wie das Leben in Seoul läuft, man lebt hier sehr schnell, arbeitet viel und schläft wenig. Im Durchschnitt schläft man vier bis maximal fünf Stunden. Das liegt vor allem daran, dass in diesem Land Zwölf-Stunden-Schichten an der Tagesordnung sind. Aber auch die Schüler werden schon auf Schlafentzug gedrillt. Während einer PISA Studie schnitten die koreanischen Schüler am besten ab. Diese hatten in den Nächten aber nur vier Stunden Schlaf bekommen. Natürlich stellen das einige andere Länder in Frage. Aufgrund dessen könnte es sehr wahrscheinlich sein, dass Sie in der

U-Bahn auf schlafende Koreaner treffen. Hier wird Power-Napping nämlich großgeschrieben, lassen Sie die Person also lieber weiterschlafen. Außerdem sollten Sie sich leise unterhalten oder telefonieren, wenn sie mit öffentlichen Verkehrsmitteln unterwegs sind. Wo wenig Schlaf stattfindet, sollte es vermutlich auch einen Ausgleich geben, richtig?

Nun, neben dem Power Napping haben die Koreaner ein Elixier, das sie oft konsumieren, es wird Kaffee genannt. Es gibt nur wenige Länder, in denen so viel Kaffee konsumiert wird, wie in Korea, weswegen Sie auch häufiger als „die Italiener Asiens" bezeichnet werden, gerade in Seoul ist die Kaffee-Kultur groß. Hier sprießen die Cafés wie Pilze aus dem Boden, ganz besonders in den großen Touristen Anziehungspunkten wie, „Garosu-gil", einer beliebten Einkaufsstraße in Gangnam. Hier habe ich einen Fun-Fact für Sie: Viele Einheimische verbringen eine Menge Zeit in Kaffeehäusern, sodass man sagen könnte, es sei ihr zweites Zuhause.

Das könnte unter anderem natürlich am kostenlosem W-Lan liegen. Früher wurde Kaffee sehr kritisch betrachtet und die älteren Einheimischen halten größtenteils noch daran fest. Sie trinken Tee. Jedoch sind die jüngeren im regelrechten Kaffeerausch. Noch dazu gibt es hier sehr exotische

Geschmackssorten wie Pfefferminz, Himbeere oder Erdbeere, diese kennt man sonst nicht als Kaffee-note. Und die Auswahl wächst fortlaufend, denn die Einheimischen möchten immer mehr Sorten probieren. Wirklich abschreckend finde ich übrigens Tierkot Kaffee. Ich für meinen Teil habe nicht vor, diese Sorte zu probieren.

> Wussten Sie eigentlich, dass Koreaner einige Dinge aus Deutschland mögen?

Besonders Lebensmittel haben es ihnen angetan, es gibt in Korea sogar eine Show, in der koreanische Idols ihren Song in unterschiedlichen Sprachen singen. Wenn sie es fehlerfrei schaffen, dürfen sie von den ländlichen Getränken und Snacks probieren. Das Ganze ist für den Zuschauer unterhaltsam und lustig. Ich finde aber auch, dass es zeigt, wie gerne Koreaner internationale Lebensmittel probieren. Man sagt ja häufig, du bist was du isst. In Korea sagt man eher, du bist was du trägst. Naja, man sagt es nicht unbedingt, aber ich würde es so formulieren. Man kann nämlich am Kleidungsstil erkennen, ob jemand arm oder reich ist und es ist normal, dass man zeigt, wie wohlhabend man ist. Je teurer die Marken, die man trägt und besitzt, umso besser. Da wir grade bei dem Thema sind, kommen wir doch mal auf den Kleidungsstil in Seoul zu sprechen.

Ich bin von dem Stil fasziniert und offen gestanden, wenn ich mal hier ein Stück sehe, dass mich an K-Pop erinnert, dann muss das mit. Ja, Sie denken sicher grade, dass ich eine Menge Geld in Seoul gelassen habe und da haben Sie mich erwischt.

Knallig bunt, monochrom und doch durch Accessoires oder kleine ungewöhnliche Details, wie zum Beispiel Reißverschlüsse am Ärmel, auffallend. Das ist ein Stil, den man oft in Seoul zu sehen bekommt. Aber auch eine Arbeitskleidung und die Schuluniform trägt man hier. Es gibt sehr strenge Richtlinien, was die Kleidung auf der Arbeit und in der Schule angeht. Besonders in größeren Firmen oder in sozialen Berufen, achtet man darauf, was die Angestellten tragen dürfen. Es mag kaum zu glauben sein, aber bis vor einigen Jahren war der Freizeit Kleidungsstil Weltweit noch ziemlich unbekannt.

Inzwischen erobert er die Fashion-Welt. Beispielsweise, das modische Geschwisterduo Nana und Chung Chung Lee, Inhaber des Modelabels „LIE", welches ihre Eltern unter dem Namen „LIE SANGBONG" ins Leben riefen, präsentierte sich bereits bei der „Fashion Week" in New York. Nun es sollte kein Wunder sein, dass die Beiden das Label so erfolgreich zum Ruhm führen, immerhin sind sie ja mit allem, was dazu gehört, groß geworden. Auch das Make-Up und vor allem die Make-Up Trends aus Korea breiten sich weltweit aus. So gibt es neben einem klassischen Make-Up wie dem Uzzlang-Style, welcher oft und viel von koreanischen Idols getragen wird, auch noch richtige Verwandlungen. Es gibt Face-Tapes, um das Gesicht schmaler zu mogeln, Nasen-Aufsätze und die ganz extreme Variante ist wohl eine Maske, die geschminkt werden kann.

Diese wird dann quasi wie eine zweite Haut getragen, was sich doch etwas unheimlich anhört, wenn ich jetzt so darüber nachdenke. Gehen Sie doch einfach bei Ihrem Besuch in Korea in einen der vielen Beauty Shops und lassen Sie sich schminken, dazu bekommen Sie eine Behandlung, die Ihre Haut erfrischen wird. K-Dramas spielen auch eine große Rolle, es gibt kaum ein Land, dass so viele Dramas produziert. Oft sind es normale Geschichten, die eine unerwartete Wendung haben. Aber auch in Sachen Fantasy muss sich Korea nicht verstecken.

Sie sind so beliebt, dass sie teilweise auch in anderen Sprachen synchronisiert werden. Ich schaue sie aber lieber im Originalton mit Untertiteln. Die Koreaner sind aber auch im echten Leben ein wenig dramatisch und das spiegelt sich eben auch in ihren

Serien wider und auch in der Musik spielt es eine große Rolle. Viele Koreanische Pop Songs erzählen eine dramatische oder spannende Geschichte und oft gibt es dazu noch einen Video Clip, in dem sich eine Art K-Drama in Kurzversion abspielt. Auch die Musik erobert die Welt, gelang zunächst PSY ein Durchbruch mit „Gangnam-Style", so knackt die Band BTS kurz für Bangtan Boys, seit einiger Zeit regelmäßig die Rekorde.

Nicht nur auf YouTube, wo ihre Fangemeinde genannt „ARMY", es immer wieder schafft, in kürzester Zeit das neueste Musikvideo auf den Stand des meist geklickten und geschauten Videos auf der Plattform zu bringen. So waren die Tickets für ihre Show auch der Act, der weltweit am schnellsten ausverkauft war. Die Band hat es außerdem auch ebenfalls weltweit bereits zweimal in die Kinos geschafft.

Nun kommen wir zu den Does and Dont's. Fangen wir mal mit etwas an, dass wirklich extrem wichtig ist in Korea, nämlich das Alter. Und hier geht es nicht darum, wie alt Sie sind, sondern um den Respekt vor Älteren. Wenn jemand Sie nach Ihrem Alter fragt, möchte er oder Sie einordnen, wie mit Ihnen gesprochen und umgegangen werden darf. Ich rate ihnen immer im Blick zu haben, wer der älteste in

Ihrem Umfeld ist. Denn demjenigen sollten Sie immer am respektvollsten entgegentreten.

Erinnern Sie sich noch an die Badezimmer Pantoffeln? Wenn Sie die Toiletten in Korea benutzten, sollten Sie das Klopapier nicht wie gewohnt ins Klo werfen, sondern in den Mülleimer daneben. Grund hierfür ist das schlechte Abwassersystem des Landes.

Wenn Sie jemanden in Korea Zuhause besuchen möchten, sollten Sie ein Geschenk mitbringen, das gehört nämlich zum guten Ton und das beste Geschenk, als kleiner Tipp, wäre etwas aus Ihrem Land, in diesem Fall also Deutschland. Naja, ich sagte ja schon die Einheimischen mögen deutsche Sachen. Was Sie aber unter gar keinen Umständen verschenken sollten, sind Uhren, sie deuten auf Unpünktlichkeit und ablaufende Lebenszeit hin, auch Messer sind kein gutes Geschenk, sie zerschneiden symbolisch Freundschaften.

Ausnahmen bilden Schweizer Taschenmesser, hier können Sie zur Sicherheit noch einen Glückscent dran kleben. Regenschirme bedeuten übrigens so viel wie, „ich möchte dich oder Sie nie wieder sehen!". Blumen stehen in Asien, wie auch die Farbe Weiß für Trauer und tot, so könnte das Missverständnis entstehen, Sie wünschen der Dame des

Hauses den Tod. Auch sollten Sie nichts Teures verschenken, Sie könnten dem Gegenüber damit vermitteln, dass er arm ist. Außerdem werden Geschenke gleichwertig verteilt, Sie werden immer ein ähnliches Geschenk zurückgeschenkt bekommen. Grüne Kleidung sollte man auch nicht verschenken, es kann auf Untreue hindeuten.

Frauen schenkt man am besten keinen Alkohol. Stattdessen sollten Sie Ihren koreanischen Freunden lieber ein Glas Honig, Süßigkeiten, Kekse, Kuchen und Früchte schenken oder kleine Mitbringsel, die auf Ihr eigenes Heimatland und vielleicht die Stadt schließen lassen. Wie Sie das Geschenk einpacken, spielt auch eine große Rolle, Rot allein kommt gar nicht gut an, rot-grüne Streifen sind allerdings gerne gesehen. Am beliebtesten sind allerdings die Farben Gelb und Gold.

Diese Farben sind kräftig und lassen das Geschenk hochwertig aussehen. Schreiben Sie bitte auch unter garkeinen Umständen mit roter Farbe auf das Geschenk, hier wünschen Sie der anderen Person sonst wieder den Tod. Zum Schluss noch sollten Sie sich nicht wundern, der Beschenkte wird nie Ihr Geschenk in Ihrem Beisein öffnen. Das gehört sich nicht.

Wenn Sie als Mann und Frau unterwegs sind, sollten Sie sich übrigens an folgende Regel halten: Wenn das Glas des Mannes leer ist, füllt die Frau nach, lässt der Mann einen Schluck drin, darf nichts rein geschüttet werden. Wenn Sie Alkohol trinken, dann dürfen Sie sich nicht nachnehmen. Das Glas muss von jemand anderem aufgefüllt werden, sonst gelten Sie als Alkoholiker.

Wenn Sie als Frau ein koreanisches Pärchen sehen und sich von dem Mann eine Flasche öffnen lassen wollen, was bei uns in Deutschland ja keine große Sache ist, könnte es zu einer unangenehmen Situation kommen, es ist nämlich etwas ganz Besonderes, wenn ein Mann einer Frau ein Getränk öffnet.

Wenn Sie bei Einheimischen zu Besuch sind, sollten Sie immer Ihre Schuhe am Eingang ausziehen. Es ist unhöflich, wenn Sie es nicht tun und Sie machen den Gastgebern Dreck.

Wichtig in Restaurants ist es auch, dass der Mann zuerst aufsteht, hier geht es um den Respekt der Frau gegenüber. Dort ist es außerdem wichtig, dass Sie was Ihnen serviert wird, nur mit der rechten Hand annehmen, mit der linken ist es unhöflich. Falls Sie sich dort mit einem Koreaner treffen, bieten Sie ihm den Platz gegenüber der Tür an und lehnen Sie diesen selbst höflich ab, sollte er Ihnen den Platz anbieten. Das Ganze ist eine respektvolle Angelegenheit. Falls Sie sich fragen, warum der Platz an der Tür so wichtig ist: Es ist häufig der beste Platz im Lokal.

Wenn Sie in einer Gruppe essen gehen, zahlt die Person, die eingeladen hat, dennoch sollten Sie es anbieten, die Rechnung zu zahlen, um höflich zu sein. Wenn Sie allerdings zu zweit ausgehen, zahlt der jüngere die Rechnung. Ist das Treffen zu zweit ein Date, dann zahlt der Mann alles. Wundern Sie sich nicht, wenn Sie danach zum Karaoke singen oder Trinken eigeladen werden.

Das ist ganz normal und es wäre unhöflich, wenn Sie die Einladung ablehnen. Umarmungen sind auch nicht gerne gesehen, die Bewohner mögen Körperkontakt nicht so gerne. Männer reichen sich die Hände und stützen dabei den Ellenbogen des Armes, mit dem sie die Hand des anderen schütteln, während Frauen ein leichtes Nicken andeuten. Sie sollten sich auch nicht wundern, wenn der Mittelfinger benutzt wird. Koreaner nutzen diesen nämlich oft anstelle des Zeigefingers. Hier möchte sie also keiner beleidigen.

Typisch Koreanisch ist auch ein geschlossener Kleidungsstil bei Frauen, wenn Sie Spaghettiträger und kurze Röcke tragen, müssen Sie damit rechnen, das ein männlicher Gegenüber Ihnen den Hof machen könnte. Einheimische Frauen zeigen aus denselben Gründen auch selten ihre Beine.

Wenn Sie sich sehr beliebt bei den Einheimischen machen wollen, könnten Sie auch die Sprache des Landes lernen. Es wird geschätzt, aber natürlich ist es nicht notwendig, um eine gute Zeit in Seoul zu haben. Sie merken allerdings, Korea ist ein Land mit vielen Eigenarten. Die größten Fettnäpfchen können Sie sich mit meinen Tipps nun allerdings ersparen.

Oder hätten Sie das vorher gewusst?

ICH VERABSCHIEDE MICH

Nun haben Sie und ich einen kleinen Ausflug nach Korea gemacht. Ich hoffe, dass ich Ihnen viele Dinge und Orte zeigen konnte, die Ihren Geschmack treffen. Es hat mir sehr viel Spaß gemacht, Ihnen einen Einblick in diese faszinierende Stadt zu geben, die mein Herz damals im Sturm erobert hat. Ich für meinen Teil bin mal wieder sehr ins Schwärmen geraten und sehne mich gerade danach, wieder dort zu sein.

> Konnte ich Ihnen das Land und die Stadt „Seoul" ans Herz legen?

> Haben Sie vielleicht etwas entdeckt, was Sie jetzt auf Ihrem Plan für die Zukunft notiert haben?

Ich hoffe doch. Hiermit verabschiede ich mich. Auf Wiedersehen, oder auch „annyeonghi kyeseyo" in der Landessprache des Koreaners.

> Vielleicht treffe ich Sie ja bei meinem nächsten Trip nach Seoul?

Packliste

Geld & Finanzen

O (evtl.) Auslandswährung
O Bargeld
O Bauchtasche
O Brustbeutel
O Bauchtasche
O EC-Karte
O Kreditkarte
O Notfall-Telefonnummern der Banken
O Portmonee

Hygiene

O Haarbürste / Kamm
O Deo (klein)
O Shampoo
O Kulturtasche
O Sonnencreme

O Taschentücher
O Reise-Zahnbürste und Zahnpasta
O Verhütungsmittel

Kleidung

O Badeklamotten
O Gürtel
O Hosen kurz / lang
O Mütze / Cap / Hut
O Pullover
O Regenjacke
O Schlafanzug
O Socken
O Sonnenbrille
O Sportklamotten / Jogginghose
O T-Shirts
O Unterwäsche

Medikamente

O Blasenpflaster
O Anti-Durchfalltabletten

O Erste-Hilfe-Set

O Fiebertabletten

O Fiebertabletten

O Mückenschutz

O sonstige Medikamente

O Pflaster

O Kopfschmerztabletten

Unterlagen & Papiere

O ADAC Unterlagen

O Adresslisten für Postkarten

O Krankversicherungsnachweis

O Stadtplan

O Führerschein

O Unterlagen für die Unterkunft

O Wasserdichte Hülle für Reiseunterlagen

O Impfausweis

O Mietwagenunterlagen

O Personalausweis

O Reisepass

O Reisetagebuch

O evtl. Studentenausweis
O evtl. Visum
O Zug- / Bahn- / Flugticket

Taschen & Rucksäcke

O Koffer / Trolley / Reisetasche
O Regenhülle für Rucksack
O Rucksack

Schuhe

O Badeschlappen / Hausschuhe
O Schuhe und Wechselschuhe

Sonstiges

O Brille / Kontaktlinsen und Etui
O Buch zum Lesen
O Ohrenstöpsel und Schlafmaske
O Regenschirm
O Reisedecke
O Wasserflasche

O Wörterbuch

Elektronik

O Digitalkamera
O Handy
O Ladekabel
O Kopfhörer
O evtl. Steckdosenadapter
O Power-Bank

Herstellung und Verlag:
BoD – Books on Demand, Norderstedt
ISBN: 9783751923590

1. Auflage
Kontakt: Psiana eCom UG/ Berumer Str. 44/ 26844 Jemgum
Covergestaltung: Fenna Larsson
Coverfoto: depositphotos.com